AF343028

CATALOGUE

D'OJETS D'ART

ET DE HAUTE CURIOSITÉ,

TELS QUE :

ANTIQUITÉS GRECQUES ET ROMAINES, BRONZES FLORENTINS ET AUTRES, VASES, BAS-RELIEFS ET FIGURES EN IVOIRE SCULPTÉS, COUPES, VASES ET OBJETS D'ORNEMENT EN MATIÈRES ORIENTALES LES PLUS PRÉCIEUSES, ARMURE ET ARMES ANCIENNES, MEUBLES EN ÉBÈNE SCULPTÉS EN MARQUETERIE DE BOULE ET DE RIESNER,

COMPOSANT LE CABINET DE M. F... [... iérard]

DONT LA VENTE AURA LIEU

Les Lundi 23, Mardi 24, Mercredi 25 et Jeudi 26 Janvier 1837, à midi précis,

RUE DE MARIVAUX, N° 13,

AU COIN DU BOULEVARD DES ITALIENS.

IL Y AURA EXPOSITION PUBLIQUE LES VENDREDI 20, SAMEDI 21 ET DIMANCHE 22 DU MÊME MOIS, DE MIDI A 4 HEURES.

LE CATALOGUE SE DISTRIBUE :

Chez
- M⁰ BONNEFONDS DE LAVIALLE, Commissaire-Priseur, rue de Choiseul, n° 11 ;
- M. ROUSSEL, Expert, quai Malaquais, n° 13 ;
- M. EMANUEL, Marchand de Curiosités, 103, New-Bond Street, London.

1836.

AVERTISSEMENT.

La collection qui fait l'objet de ce catalogue est citée depuis long-temps comme l'une des plus remarquables de Paris; les objets d'art et de curiosité qui la composent, généralement d'un beau choix, réunissent au bon goût la richesse et la parfaite conservation: on y distingue un grand nombre de beaux bronzes la plupart italiens, dont un, l'enlèvement d'une Sabine, fondu à cire perdue, peut être considéré comme l'un des plus beaux bronzes florentins connus sous le rapport de la légèreté de la fonte et du beau modelé des figures; on ne connait point ailleurs le même sujet d'une aussi grande dimension: ce beau bronze faisait partie de l'ancien garde-meuble. Parmi les bronzes antiques, nous citerons une figurine de Mars debout, comme l'une des plus belles que l'on puisse rencontrer. Des vases, des bas-reliefs et des groupes de figures en ivoire, d'un travail précieux, attireront également l'attention des connaisseurs, par cette grâce et cette naïveté des figures qui caractérisent si bien la belle époque des arts. Parmi les armes, on distinguera un bouclier, forme d'écu, en fer repoussé, ayant appartenu au roi Henry II; la pureté du dessin et la perfection du travail le placent au premier rang des objets d'art de cette belle époque. Les matières orientales les plus précieuses y figurent, sous la forme de vases, de coupes, de colonnes et autres objets d'ornement, où l'éclat de la matière est rehaussé par la beauté des formes et l'élégance des montures; de ce nombre, un vase en lapis-lazuli oriental, haut de près de 8 pouces, ayant les anses et le piédouche pris dans la masse, mérite de fixer l'attention des connaisseurs, tant par la beauté de la matière que par sa forme agréable; on pourrait le considérer comme d'un travail oriental antique. Enfin, les meubles les plus riches complètent ce bel ensemble; on remarquera particulièrement un très-grand et magnifique meuble en ébène sculpté, dans le style du XVIe siècle, considéré comme le plus beau connu dans son genre, ainsi que quatre meubles en marqueterie de boule, du temps de Louis XIV, dont la richesse et l'éclat pourraient faire supposer qu'ils ont fait partie autrefois du mobilier de Versailles : ils ont long-temps appartenu à la famille de Montbreton.

CATALOGUE

D'OBJETS

D'ART ET DE HAUTE CURIOSITÉ.

Antiquités égyptiennes.

TERRE ÉMAILLÉE BLEUE.

1. Figurine terminée en gaine, et chargée, sur le devant, de deux bandes d'hiéroglyphes et de trois sur le derrière. Cette terre est très-fine.
Haut., 6°.

2. Isis et Horus.
Haut., 2° 8 lig.

3. Vase à anses, orné d'un cartouche royal.
Haut.; 2° 10 lig.

ARGENT.

4. Ame égyptienne, sous la forme d'un oiseau à tête humaine.

5. Petite figurine de la déesse Léontocéphale, sur fût de colonne à pans, en aigue-marine, garni en argent.

LAPIS-LAZULI.

6. Le dieu Phtha : petite figurine d'une grande finesse, sur fût de colonne à pans, en aigue-marine garni en argent.
Haut., 1° 6 lig.

SERPENTINE.

7. Scarabé à tête humaine, avec des incrustations diverses et chargé d'hiéroglyphes recouverts d'un verre.

BRONZES.

8. Isis et Horus, les yeux incrustés en émail, sur socle en marbre garni de cuivre.

Haut., 5° 6 lig.

9. Personnage en adoration.

Haut., 2° 3 lig.

10. Le taureau Apis, sur socle en jaune de Sienne.

Long., 3°.

11. Phtha debout, sur socle en jaune de Sienne.

Haut., 4°.

12. Bubastris avec ses attributs ordinaires, les yeux incrustés en or, sur socle en jaune de Sienne.

Haut., 4° 3 lig.

13. Une femme égyptienne nue, offrant un Phallus sur un autel. Le petit vase qui surmonte l'autel est antique. (Provient de la collection de M. Denon.)

Haut., 8°.

14. Un Agathodémon et une Belette, sur des bases allongées.

Long., 4° 6 lig.

Antiquités grecques et romaines.

VASES GRECS EN TERRE PEINTE.

15. Petit lécithus à fond blanc, à figures noires :
Hercule combattant les Amazones.
Haut., 6°.

16. Vase à une anse, figures jaunes, sujet des mystères : l'Amour hermaphrodite et une femme debout.
Haut., 3° 3 lig.

17. Vase intact à deux anses, figures noires : Apollon citharède, placé entre deux Heures et deux Muses, et accompagné de deux biches. — Rev. : deux cavaliers de face, et, au milieu, un archer. (Ce vase provient des fouilles de Canino.)
Haut., 14° 6 lig.

18. Vase intact à deux anses, figures noires : deux guerriers qui s'arment en présence d'une femme qui leur apporte leurs armes. — Rev. : un quadrige. (Canino.)
Haut., 15°.

19. Vase intact à deux anses, figures noires : Apollon citharède, placé entre Diane et Latone. — Rev. : Bacchus entre deux Satyres. (Canino.)
Haut., 11°.

20. Vase à une anse, figure jaune, sujet des mystères : un Éphèbe et une femme, placés près d'un cippe.
Haut., 7° 6 lig.

21. Vase à une anse, figures jaunes, sujet bachique :
Ménade et Bacchante.

Haut., 9°.

22. Vase à deux anses, figures noires : Bacchus assis
entre deux Satyres. — Rev. : Ariadne sur un
quadrige, accompagnée d'Apollon citharède
et précédée d'une biche menée vers Bacchus.
(Canino.)

Haut., 15°.

23. Vase intact à deux anses, figures noires :
quadrige monté par deux personnages barbus.
Devant les chevaux, le juge assis. Bacchus se
tient près du char. — Rev. : un guerrier, accompagné d'un archer, mène une femme vers
un vieillard. (Canino.)

Haut., 14° 6 lig.

BRONZE ANTIQUE.

24. Mars debout, les yeux en argent, statuette très-
fine, sur un socle en jaspe zoné de Sibérie.

Haut., 5° 9 lig.

25. Un pygmé dansant, sur socle en vert antique.
(Coll. Denon.)

Haut., 2° 6 lig.

26. Un satyre ityphallique faisant des gestes mimi-
ques, sur socle en jaune de Sienne.

Haut., 3° 6 lig.

27. Amour, sans ailes, debout, sur socle en jaune
de Sienne.

Haut., 2° 9 lig.

28. Guerrier montant à l'assaut, sur socle en jaune de Sienne.
Haut., 4° 6 lig.

29. Femme romaine debout, sur socle en jaune de Sienne. (Musée Denon.)
Haut., 3°.

30. Mercure muni du pétase ailé et tenant la bourse, sur socle en jaune de Sienne.
Haut., 4°.

31. Un rat mangeant un fruit, les yeux et le socle en argent.
Long., 1° 6 lig.

32. Apollon dans l'attitude de lancer des traits, sur un socle en jaune de Sienne.
Haut., 4° 3 lig.

33. Priape, terminé en Hermès.
Haut., 3° 9 lig.

34. La Fortune debout, munie de la corne d'abondance et du gouvernail, la tête surmontée de deux épis et du croissant, sur socle en jaune de Sienne.
Haut., 4°.

35. Camille debout, sur socle en jaune de Sienne.
Haut., 5°.

36. Un autre Camille, sur socle en jaune de Sienne.
Haut., 4°.

37. Camille, muni d'une corne d'abondance, sur socle en jaune de Sienne.
Haut., 4°.

38. Belle anse de vase, offrant deux combattants.
Haut., 6°; long. 10°.

39. Un esclave ityphaltique (provenant de la vente Durand).

40. Lampe à deux becs, surmontée d'un coq.

41. Amour coiffé du bonnet phrygien, sur socle en marbre.
Haut., 3° 1/2.

42. Hercule imberbe, muni de la massue, sur socle en jaune de Sienne.
Haut., 4° 1/2.

43. Buste radié du Soleil.
Haut., 4°.

44. Trois vases en bronze, de diverses formes.

45. Vase dont l'anse est antique et ornée d'un mascaron.
Haut., 10°.

46. Petit cheval qui se cabre.
Haut., 11° 1/2.

MARBRE ROUGE ANTIQUE.

47. Beau bas-relief, d'une grande dimension, représentant Apollon et les Muses; il décore le devant d'un grand socle en jaune de Sienne.
Long., 28°; haut., 7°.

Bronzes florentins, italiens et autres.

BRONZES.

48. L'enlèvement d'une Sabine ; bronze florentin fondu à cire perdue, d'une beauté remarquable, tant sous le rapport de la beauté du style que sous celui de la finesse du bronze.

Sur socle en granite rose d'Egypte, avec plinthe et moulures en bronze doré. Nous ne connaissons pas de répétition de ce beau bronze.

Haut., 25°.

49. Brutus debout, armé d'une épée, le bras gauche étendu ; bronze italien d'une grande finesse et d'une grande légèreté, sur socle en brocatelle.

Haut., 14°.

50. Deux groupes : l'un l'enlèvement de Déjanire par le Centaure ; l'autre, une Sabine enlevée par un cavalier romain. Ces deux beaux bronzes sont placés sur des pieds rocaille très-riches, en bronze doré.

Haut., 16° chaque.

51. Hercule étouffant Antée ; grand et beau bronze.

Haut., 20° 6 lig.

52. Deux sujets faisant pendants : le Rémouleur, par François Righetti, de Rome, et la Vénus

accroupie , sur socle très-riche en bronze doré.

Haut., 10 et 12°.

860

53. Très-beau groupe de trois figures ; l'enlèvement de Proserpine , beau bronze ancien , sur pied en bois noir garni de bronze doré.

Haut., 20°.

615

54. Deux beaux groupes de trois personnages, sujets bachiques ; une Bacchante dans l'ivresse, soutenue par un satyre. Un Bacchus ivre et deux suivants. Ces deux beaux bronzes italiens sont sur pieds en bronze ciselé et doré.

Haut., 6° 3 lig.

320.

55. Deux beaux groupes faisant pendants, bronze ancien : l'un Bacchus, couronné de pampres, monté sur un bouc et pressant des raisins dans une coupe ; l'autre, le même dieu dans l'ivresse, monté sur une panthère , tient un vase. Ces deux sujets sont sur socles en griotte.

Haut., 10° 1/2.

80

56. Apollon debout, tenant sa lyre , est appuyé sur un tronc d'arbre ; joli bronze sur fût de colonne en porphyre gris , tors en jaune de Sienne.

Haut., 6° 1/2.

490

57. Vénus et Antinoüs ; deux beaux bronzes anciens faisant pendants.

Haut., 20°.

99

58. Gladiateur combattant, sur socle en brocatelle.

Haut., 11° 9 lig.

59. Le Laocoon, de Righetti; beau bronze très-remarquable, sur socle en albâtre oriental.
Haut., 15°.   600

60. Le Gladiateur combattant; très-beau bronze
italien, d'une grande légèreté de fonte.
Haut. 9° 1/2.   175

61. Le Gladiateur mourant; joli bronze italien. —— 102
Long., 10° 1/2.

62. Un cheval au galop et un lion courant; deux
beaux bronzes florentins faisant pendants,
sur socles en bronze doré, et plinthes en
albâtre oriental.
Long., 6° 1/2.   250

63. Bacchus debout, couronné de pampres et tenant
des raisins; très-beau bronze italien, sur socle
en granite, garni de bronze doré.
Haut., 8° 1/2.   196

64. Diane chasseresse, près d'elle un chien; joli
bronze italien, sur socle en albâtre oriental.
Haut., 7° 9 lig.

65. Mercure, d'après Jean de Bologne; bronze
ancien, sur fût de colonne en porphyre oriental, le tors en jaune antique.

66. Actéon debout; bronze italien. —— 2 ——   51

67. Un oiseleur, tenant de la main gauche une lan-
terne, et de la droite une raquette; très-
beau bronze italien sur socle en marbre noir.
Haut., 11°.

68. Gladiateur debout, tirant son épée du fourreau;
bronze italien d'une finesse remarquable, sur
socle en jaune antique.
Haut., 7° 1/2.

69. Deux jolies petites figurines d'enfants debout :
l'une, sur fût de colonne en jaune antique;
l'autre, sur fût de colonne en porphyre.
Haut., 3° 9 lig.

70. Deux bustes : la Vierge et saint-Jean, sur pié-
douches.
Haut., 9°.

71. Jeune Narcisse debout, entièrement nu, et la
tête ceinte d'un bandeau; bronze italien d'une
beauté remarquable, sur socle en marbre.
Haut., 7° 3 lig.

72. Hercule dans l'attitude de tendre un arc; il est
debout, le pied gauche posé sur Echidna,
monstre fabuleux, étendu à ses pieds; bronze
florentin très-fin.

73. Jeune Faune jouant de la flute et revêtu de la peau
de lion; joli bronze ancien, sur pied doré.
Haut., 9° 9 lig.

74. Silène debout, couronné de pampres et tenant le
jeune Bacchus; bronze florentin sur socle en
albâtre oriental.
Haut., 8° 10 lig.

75. Vénus sortant du bain, beau bronze italien du
seizième siècle, piédestal en granite rose oriental, avec plinthe en porphyre garnie de bronze
doré.
Haut., 13°.

76. Faune indien couvert de la peau de lion ; il
est debout et dans l'attitude de la danse ; bronze
italien du seizième siècle, d'une grande beauté,
sur socle en jaune de Sienne.
Haut., 12°.

77. Vénus sortant du bain avec l'Amour ; bronze
italien, sur socle en jaune de Sienne.
Haut., 8° 1/2.

78. Hercule vainqueur ; bronze italien, d'une grande
légèreté, sur pied en bronze orné de guirlandes.
Haut., 9° 1/2.

79. Marsyas attaché à un arbre, sur fût de colonne
en porphyre rouge antique.
Haut., 3°.

80. Tête de Nègre formant une lampe ; bronze
florentin d'une grande finesse.

81. Satyre accroupi, couronné de lierre, portant
des torches ; bronze italien du seizième siècle.
Haut., 9°.

82. Deux petits Amours assis, sur fût de colonne
en jaune de Sienne.

83. Petite figurine très-fine : Silène tenant le jeune
Bacchus dans ses bras, sur socle en marbre.
Haut., 3°.

84. Petite figurine d'Hermaphrodite debout, sur pied
en porphyre.
Haut., 2° 10 lig.

85. Deux figurines de femmes assises ; bronze ancien,
sur socle en jaune de Sienne.
Haut., 3° 9 lig.

86. Deux figurines de femmes debout et drapées, sur
piédouche en marbre.
Haut., 4°.

87. Petite figurine d'homme debout et barbu ; bronze,
très-fin, sur socle en porphyre.
Haut., 3°.

88. Buste de Marie de Médicis ; bronze ancien, d'une
grande finesse.
Haut., 9°.

89. Le Centaure et l'Amour ; très-beau bronze,
d'après l'antique, sur plinthe en vert de mer.
Haut., 26°.

90. Vénus à l'écrevisse ; joli bronze ancien, sur socle
en jaune de Sienne.
Haut., 13° 1/3.

91. Deux cariatides ; bronzes anciens sur marbre
blanc.
Haut., 9°.

92. Vénus sortant du bain ; jolie petite figurine
debout sur fût de colonne en jaune de
Sienne.
Haut., 5°.

93. Deux petites figurines de femmes debout et
drapées ; bronze ancien, sur socle jaune de
Sienne.
Haut., 3° 9 lig.

94. Deux vases Médicis avec bas-relief, d'après François Flamand ; les anses ornées de mascarons,
sur socles en griotte, moulures et plinthes en
bronze doré.

95. Deux autres vases à peu près semblables, dont les anses sont dorées.
Haut., 8°.

96. Enfant sur un cheval au galop; très-beau bronze italien du seizième siècle, d'une grande légèreté de fonte, sur socle en bois peint et doré.
Haut., 8°.

97. Femme couchée et endormie, bronze florentin d'une grande légèreté, sur plinthe en griotte.
Long., 13°.

98. Petit char à deux chevaux avec son *aurige*, sur socle en ébène incrusté d'ivoire gravé.

99. Le dieu Priape à pieds d'oiseau, sur fût de colonne en jaune de Sienne.
Haut., 7° 10 lig.

100. Hercule bibax debout; jolie petite figurine sur socle en porphyre oriental.
Haut., 3° 1/2.

101. Hermaphrodite; petite figurine debout sur socle en marbre.
Haut., 4° 1/2.

102. L'Aurore debout sur une sphère; figurine sur fût de colonne en jaune de Sienne.
Haut., 5°.

103. Masque bronze antique, tête de femme.

104. Un seau à eau bénite, garni d'une anse en fer et orné de médaillons, et de têtes d'anges en relief. Ouvrage ancien.

105. Trois divinités indiennes : Vénus, Mars et

l'Amour indiens, sur socle en jaune de Sienne.

Haut. de la plus grande, 5° 9 lig.

106. Magot tenant un poisson ; bronze chinois.

107. Un Chinois à genoux; le vêtement est laqué.

108. Buste de l'impératrice Joséphine, par Bosio.

Haut., 13°.

109. Buste de l'impératrice Marie-Louise, par le même.

Haut., 13°.

Ivoires sculptés.

110. Louis XIV debout, en costume romain, sur piédestal en écaille, orné de quatre bas-reliefs en ivoire : l'un, représentant Louis XIV, couronné par la Victoire ; un autre, le passage du Rhin, d'après Vandermeulen ; les autres sujets sont des allégories. La frise du piédestal est ornée d'écussons armoiriés, du chiffre du roi et d'allégories.

Ce monument est d'une exécution qui ne laisse rien à désirer.

Haut., du monument, 18°.

111. Hercule debout appuyé sur sa massue. Très-beau travail ancien.

112. Grand et beau vase de forme cylindrique. Au pourtour est un bas-relief d'une grande finesse, représentant la nymphe Calisto amenée de-

vant Diane. Charmante composition qui ne laisse rien à désirer sous le rapport du travail et du style. Sur le couvercle est un groupe de huit figures, sujet de bacchanale.

La monture est en bronze doré et ciselé.

113. Grand et beau cippe monté en bronze doré, avec bas-reliefs, sujet allégorique composé d'un grand nombre de figures d'un beau travail ancien.

114. Magnifique bas-relief représentant le combat d'Hercule contre le triple Gérion; son chien est étendu à ses pieds.

Cet ouvrage remarquable forme le devant d'un socle en vert de mer, dont la plinthe est ornée de deux mosaïques, et d'un camée d'agathe représentant un masque bachique.

115. Hercule délivrant une femme des poursuites d'un Satyre; joli groupe de trois figures, dont l'expression est remplie de naïveté.

Haut., 7°.

116. Cippe en ivoire avec chapiteau en ébène sculpté: triomphe de Bacchus enfant; joli bas-relief de quatorze figures, remarquable par la composition et l'exécution.

117. Hercule combattant deux brigands; joli groupe de trois figures, d'un beau travail.

Haut., 7° 1/2.

118. Grand et beau cippe monté en bronze doré; au pourtour, est un bas-relief représentant un sacrifice à Bacchus.

2.

119. Grand et beau cippe avec bas-reliefs, sujet bac-
chanal, monté en bronze doré.

120. Un petit Amour debout et appuyé sur un
tronc d'arbre.

121. Une sainte Madelaine couchée, sur socle en
ébène.

122. Un mendiant ; figurine remarquable par la
finesse du travail, sur socle en bois d'ébène
et doré.

123. Bas-relief ovale, scène flamande, sur boîte en
écaille.

124. Deux petits bas-reliefs ovales, têtes d'Anges
et groupe de deux figures.

125. Cadre renfermant deux bas-reliefs en ivoire,
sujet d'enfants, d'une belle exécution; au milieu, un camée d'agathe à deux couches.

126. Petit magot chinois avec dragon.

127. Boule chinoise, travail à jour et renfermant
une douzaine d'autres boules, le tout travaillé
dans la masse. Elle est suspendue par une
chaîne également en ivoire.

128. Flacon de travail ancien, dont la panse offre
en bas-relief les dieux du paganisme ; le
bouchon est orné de trois figures.

Armes anciennes.

129. Magnifique bouclier, forme d'écu, en fer repoussé. Au centre est un bas-relief représentant, sur le premier plan, un choc de cavalerie; sur le second, l'attaque d'une forteresse. Au pourtour sont des trophées d'armes, des captifs enchaînés et des mascarons placés dans des enlacements damasquinés en or, qui offrent les chiffres et emblêmes de Henri II et de Diane de Poitiers.

Ce bouclier, l'un des plus beaux connus, est un chef-d'œuvre de l'art du seizième siècle, tant sous le rapport du style que sous celui de l'exécution; il a indubitablement appartenu au roi Henri II.

130. Petite armure d'enfant en fer, avec heaume, entièrement couverte d'ornements gravés, de la fin du seizième siècle.

131. Hallebarde du temps de Louis XIV, aux armes de ce roi, avec ornements damasquinés en or et en argent.

132. Boutoir persan; la poignée en corne de rhinocéros; la garniture du fourreau et celle de la poignée sont en argent.

133. Un poignard turc, lame en damas, et poignée d'ivoire; le fourreau et la garniture de la poignée en argent.

134. Beau poignard oriental, lame en damas,

poignée en jade vert , ornée de feuillages sculptés en relief.

135. Couteau persan, lame en damas, poignée en jade terminée par une tête de bouc sculptée, avec virole en argent niellé; le fourreau est garni en argent doré.

136. Crisse malais, à lame très-curieuse; la poignée en ivoire sculpté est ornée d'une virole en or enrichie de roses; fourreau en métal.

137. Deux couteaux turcs, renfermés dans la même gaîne en argent repoussé.

138. Très-belle carabine à rouet, dont le canon est couvert dans toute son étendue, ainsi que la platine, d'ornements incrustés en argent; la sous-garde en argent massif.

Le bois de cette arme est enrichi de figures et d'ornements sculptés d'un travail très-fin, et de filets incrustés en argent qui forment des médaillons de distance en distance.

139. Une paire de pistolets italiens , platine à rouet, la monture en bois avec incrustations d'ivoire et de nacre.

140. Une poire à poudre, en corne de cerf sculptée, représentant Hercule et Anthée, avec des trophées, monture en argent.

141. Une poire d'amorce , également en corne de cerf sculptée, représentant les travaux d'Hercule et des trophées, monture en argent. Ces deux objets sont d'une beauté remarquable.

Matières précieuses diverses.

***

MARBRE BLANC.

142. Une femme satyre et son enfant, joli groupe de Clodion.

Haut., 9°.

143. Buste d'une jeune femme couronnée de pampres.

Haut., 18°.

144. Buste d'une jeune fille.

Haut., 18°.

145. Deux cippes cannelés.

Haut., 5° 8 lig.

ROUGE ANTIQUE.

146. Deux lions égyptiens couchés avec caractères hiéroglyphiques gravés sur les plinthes. Très-belle qualité de marbre et beau travail.

Long., 5° 6 lig.

147. Figure égyptienne debout, tenant une tablette sur ses deux bras. Brillant échantillon de cette belle matière.

Haut., 11° 3 lig.

148. Autre figure égyptienne debout, et dont la matière est d'un rouge plus foncé.

Ces deux jolies figures, qui peuvent faire pendants, méritent de fixer l'attention des amateurs ; elles faisaient partie de la collection de M. de Drée.

Haut., 11° 3 lig.

149. Coupe ronde à godrons ; elle a les deux anses prises dans la masse, et son piédouche est cannelé. La matière est d'un rouge foncé et bien uniforme.

Diamètre, 7° 9 lig.; haut., 5°.

150. Petit temple en marbres divers, orné de huit colonnes en rouge antique ; au centre une petite figure en bronze.

JAUNE ANTIQUE.

151. Colonne de cirque, ornée de couronnes et d'un thyrse sculptés dans la masse, avec ornements d'applique en bronze. Elle est posée sur un fût de colonne en granit rose d'Égypte.

Haut. générale du monument, 25°.

152. Magnifique trépied bachique. La coupe est ornée de feuilles d'achante, de guirlandes, de pampres et ornements divers, sculptés dans la masse. Les trois pieds offrent un thyrse, des pampres et des Amours, et se terminent en haut par des têtes de lions, et en bas par des griffes. Sur la plinthe, entre les pieds, s'élève une corbeille de raisins également sculptés dans la masse.

Le travail de cette pièce importante est d'une très-belle exécution.

Haut., 29°.

153. Deux grands vases évidés avec anse, formés par des têtes de satyre prises dans la masse. Le bas de la panse est orné de feuilles sculptées en relief, et le piédouche est à cannelures.

Haut., 16° 6 lig.

154. Beau groupe : un lion dévorant un cheval, sur socle en marbre.

Larg., 7° 1/2, sur 5° 1/2.

155. Colonne, imitation de celle de Trajan, avec tors en chapitaux en même matière. Elle est surmontée d'une Victoire en bronze.

Haut., 27°.

156 Autre colonne à peu près semblable, avec tors et chapitaux en bronze doré. Celle-ci est surmontée d'un Mercure en bronze.

Haut., 27°.

157. Deux piédestaux garnis de moulures, en bronze doré.

Haut., 5° 9 lig.

158. *Brèche de Sicile.* Coupe à deux anses prises dans la masse, sur plateau de marbre à peu près semblable.

Diamètre, 5°.

159. *Brèche africaine.* Deux vases dont les anses sont prises dans la masse.

Haut., 12°.

160. *Brèche gris.* Joli vase évidé à deux anses prises dans la masse.

Haut., 10°.

161. *Brèche corail.* Deux piédestaux avec moulure en bronze doré.

Haut., 8° 1/2.

162. *Brèche d'Alep*. Grande console en acajou, garnie de bronze doré. La tablette, en brèche d'une très-belle qualité, rivalise avec le poudingue par la vivacité des couleurs.

48 sur 19°.

163. *Marbre noir moucheté de blanc*. Coupe carrée à godrons extérieurs qui correspondent avec les cannelures de l'intérieur. Aux quatre angles, des cignes sculptés dans la masse; le bord garni d'oves, le piédouche cannelé.

Diam., 7°; haut., 6° 1/2.

164. *Brocatelle*. Deux petits piédestaux, sur plinthe en marbre noir.

Haut., 3° 1/2.

165. *Griotte*. Un piédestal, garniture en bronze sur une sphère de marbre portor, supportée par quatre lions en bronze doré.

Haut. générale du monument, 31°.

166. *Albâtre de Montmartre*. Colonne avec tors et oves en bronze doré; son piédestal est en même albâtre garni de bronze; elle est surmontée d'une Minerve en bronze doré.

167. *Albâtre*. Deux colonnes sur piédestaux en albâtre coloré en rose, et surmontées de deux petits bronzes.

Haut. générale avec les bronzes, 22°.

168. *Vert antique*. Un fût de colonne.

Haut., 9°.

PORPHYRE ROUGE ORIENTAL.

169. Petit vase, forme aiguière, monture bronze
doré.

Haut., 6°.

170. Deux fûts de colonnes, belle qualité de matière, avec tors à feuilles d'achante en bronze
doré.

Haut., 6°.

171. Deux beaux vases, forme Médicis, entièrement évidés, remarquables autant par la
beauté de la matière que par l'exécution du
travail; ils sont placés sur des piédestaux en
granit rose d'Egypte, enrichis de moulures
en bronze doré.

Haut., 11° 4 lig.

172. Un vase, forme d'urne, avec anses prises dans la
masse; le bas du vase est orné de feuilles
d'achante sculptées dans la masse. Ce beau
vase est placé sur un piédestal en lapis-lazuli
orné de moulures en bronze doré.

Haut., 14°.

173. Deux vases évidés, forme d'urne, ornés de
bronzes dorés à l'or moulu; les anses sont
formées par des Sirènes assises sur le
bord du vase; leurs jambes se terminent
en queue de poisson qui embrassent une
partie de la panse du vase avec des entrelacs
de feuilles et de grappes de raisin.

Haut., 12°.

174. Petit vase à godrons, monté en bronze doré, sur piédestal en granit des Vosges, et plinthe en granit rose d'Égypte.

Haut., 7° 6 lig

175. Deux fûts de colonnes avec moulures et acrotères en jaune antique.

Haut., 6°.

176. Belle colonne milliaire, placée sur un grand socle en même matière, avec base et chapiteau en bronze doré, et surmontée d'une sphère en agathe posant sur un petit balustre en porphyre.

Haut., 36°.

177. *Porphyre vert oriental.* Deux fûts de colonne avec tors et plinthes en bronze doré.

Haut., 3°.

178. *Porphyre vert antique.* Vase, forme ovoïde, avec monture moderne en bronze doré.

Haut., 13°.

179. *Porphyre noir de Suède.* Deux jolis vases, forme Médicis, garnis d'anses en bronze doré, sur piédestaux en marbre avec moulures en bronze doré.

Haut., 7°.

180. *Porphyre rouge de Suède.* Deux vases, forme Médicis, évidés, remarquables par leur belle

exécution et l'élégance de leur forme, sur piédestaux en marbre noir.
Haut., 9°, 8 lig.

181. *Porphyre vert.* Deux vases, forme cassolette, à gorge et cul-de-lampe pris dans la masse, terminé par un bouton de même matière, garnis d'un filet de perle sur le bord, et supportés par trois consoles à rinceaux d'ornement terminées chacune par des pieds de biche ; entre les enroulements qui forment les anses sont placées des guirlandes de fruits et de fleurs qui décorent la panse du vase.

Ces deux beaux vases, dont la monture élégante est exécutée par Goutière, sont placés sur des socles triangulaires en pétro-silex, garnis de moulures à feuilles d'eau et boules cannelées en cuivre doré. Ils sont décrits et gravés dans le catalogue du duc d'Aumont, sous le n° 6.

182. *Nero antico.* Fût de colonne sur plinthe en serpentin vert, avec tors à feuilles de chêne, bronze doré.
Haut., 8°.

183. *Granite des Vosges.* Deux fûts de colonnes, avec tors en griotte et plinthe en vert antique.
Haut., 7°.

184. *Granite globuleux de Corse.* Deux belles coupes bien évidées, avec piédouche en même matière, de la variété à petits globules, très-agréable, sur piédestaux en porphyre rouge oriental, garnis de bronze.
Diam., 11°; haut. 6°.

185. *Nero antico.* Fût de colonne,

186. Dito.   Un fût de colonne sur tors et plinthe en marbre blanc.
Haut., 7° 1/2.

187. *Granitelle d'Égypte.* Joli vase dont les deux anses sont prises dans la masse ; très-bel échantillon de cette matière,
Haut., 10°.

188. *Petit granite antique.* Deux piédestaux, carré long, avec moulures en cuivre.
Haut., 2° 3 lig. ; long., 5° 6 lig.

189. *Euphotite jadienne.* Tablette offrant un bel échantillon de cette riche matière, sur pied en acajou, avec cercles en cuivre doré.
32° sur 16°.

190. *Serpentin vert d'Égypte.* Deux très-belles tablettes de consoles, sur pieds formés par des serpents enlacés, en bois doré.
28° sur 14°.

191. Dito.   Deux piédestaux avec moulures en bronze doré.
Haut., 6° 9 lig.

192. Dito.   Deux fûts de colonne, avec tors et plinthe en bronze doré.
Haut., 5° 6 lig.

193. *Granite graphique de Sibérie.* Grande et belle aiguière ; l'anse, formée par une Sirène ailée, et la monture sont en bronze doré, sur piédestal en albâtre de Montmartre.
Haut. totale, 17°.

194. *Malachite.* Autre aiguière semblable à la pré-
cédente, et qui peut lui servir de pendant, avec
même piédestal que le précédent.
Haut., 17°.

195. Dito. Cippe carré renfermant un mouvement
de pendule garni de bronze doré.
Haut., 11°.

196. Dito. Deux fûts de colonnes, avec tors à
feuilles de laurier, en bronze doré.
Haut., 6° 2 lig.

197. Dito. Joli morceau massif, poli sur toutes
les faces.

LAPIS-LAZULI.

198. Très-beau vase, entièrement évidé, avec piédouche et anses prises dans la masse; la garniture du pied, en argent doré et ciselé, est
un ouvrage du seizième siècle.
Ce beau vase, des plus remarquables, tant
par l'éclat de la matière que par son volume
peu ordinaire, paraît être d'un travail oriental très-ancien.
Haut., 7° 5 lig.

199. Petit vase, avec monture à deux anses en
bronze doré.
Haut., 6°.

200. Petit magot chinois accroupi, sur pied en bois
de fer découpé à jour.

201. Grande et belle coupe, diaprée de bleu et de
blanc, dont les anses et ornements sont en
bronze doré. Elle est placée sur un piédestal
en même matière garni en bronze doré.
Cet ensemble présente, par son volume

et le précieux de la matière, un ornement
des plus riches.

Haut. totale 6 lig.

LABRADOR.

202. Grande et magnifique coupe ronde avec piédouche, sur piédestal en même matière,
plinthe et moulure en bronze doré.

Cette superbe pièce, remarquable par la
richesse des reflets de la matière, ne l'est
pas moins par son volume peu ordinaire.

Diam., 11° 1/2; haut. gén., 12° compris le socle.

PIERRE DES AMAZONES.

203. Joli vase, forme ovoïde, d'une couleur agréable,
monture moderne en bronze doré.

Haut., 7° 8 lig.

JADE GRIS.

204. Coupe chinoise dont les anses, évidées et prises
dans la masse, ont la forme de Chimères.
Cette pièce, remarquable par son volume, a
le couvercle et le socle en bois de fer sculptés
à jour.

PETRO-SILEX ROUGE DE SIBÉRIE.

205. Cippe funéraire orné de bronze, provenant du
Musée de M. le marquis de Drée.

Haut. totale, 7°.

PETRO-SILEX RUBANÉ DE SIBÉRIE.

206. Vase, forme d'urne, monté en bronze doré,
sur fût de colonne en granite rose d'Egypte;
le tors est en bronze doré, et la plinthe en
porphyre rouge oriental.

Haut., 6° 1/2.

VARIOLITE DE LA DURANCE.

207. Un socle carré, sur plinthe en porphyre oriental garni de bronze.

Haut., 2° 10 lig.

CRISTAL DE ROCHE.

208. Vase, en forme de dragon ailé; le piédouche est formé par deux dauphins enlacés, et la monture en argent doré est enrichie d'ornements émaillés sur or.

Cette pièce, remarquable par son volume et la difficulté du travail, est un ouvrage du seizième siècle, et sort de l'ancien Garde-Meuble.

Haut., 8°; long., 12°.

209. Vase orné d'arabesques gravées en creux, ouvrage du seizième siècle. La monture en argent doré.

210. Quatre petits flambeaux à pans, en cristal de roche.

211. Une niche avec monture en argent doré; à l'intérieur, la Vierge et l'Enfant Jésus en calcédoine blanche.

212. Deux jolis flacons à couvercles, ornés de godrons.

CALCÉDOINE ORIENTALE.

213. Jolie petite tasse, belle matière mamelonnée et teintée de sardoine claire.

AGATHE D'ALLEMAGNE.

214. Jolie petite coupe ovale.

POUDINGUE.

215. Deux piédestaux en poudingue à gros grains, avec plinthe en même matière, et moulure en bronze doré.
Haut., 7° 4 lig.

216. Deux piédestaux, garnis de bronze doré.
Haut., 7° 6 lig.

JASPE BRECHE ROUGE DE SICILE.

217. Deux petites colonnes garnies de leurs bases et chapiteaux en bronze doré, sur socle en cristal de roche.
Haut., 7°.

JASPE RUBANÉ DE SIBÉRIE.

218. Piédestal formé de quatre plaques montées en bronze doré, sur plinthe en vert de mer.
Haut., 3°.

JASPE ZONÉ DE SIBÉRIE.

219. Un fût de colonne avec tors en plinthe, en bronze doré.
Haut., 4° 1/2.

220. Un autre fût de colonne, même matière, et garni de bronze.
Haut., 3°.

JASPE DE SIBÉRIE.

221. Deux petits piédestaux, l'un en jaspe veiné, l'autre en jaspe moucheté, avec plinthe et moulures en bronze doré.
Haut., 3°.

SPATH FLUOR.

222. Joli vase, forme Médicis, à godrons; les anses

sont formées par des figures de Sirènes en argent. Sur socle en même matière, moulures en jaune de Sienne, et orné de quatre masques de lion en argent.

Diam., 7°; haut. gén., 14°.

223. Pendule dont le mouvement, supporté par deux Atlas, est surmonté de l'aigle impériale en bronze doré; autour du cadran sont les douze signes du zodiaque appliqués sur un fond de lapis-lazuli. Derrière les Atlas est placé un trophée d'armes dont les six boucliers ont des ornements découpés à jour, appliqués sur fonds de matières précieuses; en avant, deux casques et une cuirasse se trouvent posés sur les marches du socle qui est en petit porphyre antique. Le socle qui supporte ce magnifique ensemble est en vert de Corse avec champ rentré incrusté en prime d'améthyste, et orné, au milieu, d'une tête de Méduse en mosaïque de Rome. La plinthe du socle en porphyre rouge oriental.

SARDONIX.

224. Neuf petits cachets formés par des bustes de nègres, de femmes, etc., et ornés de rubis et de roses; le bas des cachets en cornaline et autres matières, et gravés en creux.

Ce lot sera divisé.

225. Camée à six couches, représentant quatre têtes, et monté en épingle d'or.

CORNALINE.

226. Dix cachets anciens et clef de montre avec monture en or ciselé; cornalines et agathes gravées en creux : un est enrichi de roses.

3.

Meubles.

227. Grand et magnifique meuble à deux portes en ébène sculpté.

L'intérieur est garni d'un grand nombre de tiroirs ornés de bas-reliefs. Au centre, des colonnes torses à chapitaux corinthiens, et dont les bases sont enrichies d'ornements et d'enfants, décorent une porte à deux ventaux sur lesquels sont placées les figures de la *Foi* et de *l'Espérance* supportées par des hommes accroupis. Cette porte ferme l'entrée d'un temple dans lequel sont des figures en bois doré représentant le jugement de Salomon.

La façade de ce beau meuble, ses deux côtés, ainsi que sa corniche, sont décorés de bas-reliefs et d'ornements d'une finesse d'exécution très-remarquable et du meilleur goût. Les angles et le milieu de la façade offrent des figurines de femmes placées dans des niches. Les panneaux, encadrés de pilastres et d'ornements du même genre, présentent, tant à l'intérieur qu'à l'extérieur, des bas-reliefs à sujets, tirés de l'Ancien-Testament. Enfin, le pied qui supporte tout l'ensemble est formé de colonnes cannelées et de cariatides qui ne le cèdent en rien au reste du meuble, qui peut être considéré, sous tous les rapports, comme l'un des plus beaux de ce genre, et comme un monument de l'art digne de figurer dans un musée royal.

228. Petit meuble en ébène, dont la porte est marqueterie de trois parties, cuivre, écaille et
étain, est richement garnie de cuivre; le
dessus en portor.

229. Deux très-beaux meubles à deux portes en marqueterie de boule, partie et contre-partie sur
écaille noire, enrichis de figures en bas-relief
et d'ornements avec guirlandes, dans les-
quelles sont enchâssées des médailles du règne
de Louis XIV, le tout en bronze doré à l'or
moulu; les côtés sont également riches de
marqueterie et de bronze; les dessus sont en
brèche violette, d'une belle qualité.

La beauté et la richesse de ces deux meubles
pourraient faire supposer qu'ils ont pu déco-
rer autrefois le château de Versailles!

230. Deux meubles en marqueterie, première partie
sur écaille noire; ils sont à trois portes : celle
du milieu est pleine, et forme avant-corps sur
celles des côtés qui sont vitrées. Ces deux
beaux meubles ont les côtés marquetés et sont
décorés de figures et d'ornements divers, en
bronze doré; les dessus en brèche violette,
d'une belle qualité.

231. Piédestal faisant armoire en acajou, orné d'une
tablette en granite rose d'Egypte.

232. Deux petits meubles, marqueterie de cuivre
et étain, partie et contre-partie; le centre
formant avant-corps sur deux panneaux en
retraite. Ces jolis meubles sont plaqués en
ébène et garnis de bronzes dorés; les dessus
en portor.

233. Deux jolis petits meubles à quatre tiroirs en marqueterie des trois parties, richement garnis de
cuivre, tablette en portor.

234. Deux armoires, marqueterie de cuivre, sur
écaille noire, à portes pleines et à pilastres
marquetés, garnies de bronze doré; tablette
en vert de mer.

235. Deux piédestaux plaqués en écaille, avec filets de
cuivre, ornés de quatre médaillons à figures,
et supportés par des griffes de lion en bronze
doré.

236. Charmante console de Riesner, très-richement
ornée de bronzes ciselés et dorés, par Goutière; elle est garnie de deux tablettes en marbre vert de mer. Au fond, trois panneaux en
marqueterie de bois.

237. Deux très-belles armoires à trois portes vitrées,
en acajou, orné de bronzes dorés; les dessus
en marbre bleu turquin.

238. Cabinet en ébène sculpté, à deux portes, enrichi de bas-reliefs et d'arabesques; la frise ornée de jeux d'enfants. A l'intérieur, un grand
nombre de tiroirs plaqués en ébène gravé;
le dessus en marbre blanc.

239. Armoire à deux portes en laque de Chine, ornée de bronze doré.

240. Petite console en acajou; la tablette en vert de
mer.

241. Guéridon à deux tablettes en brèche violette,
monture en forme de trépied, en bronze doré.

Objets divers.

BRONZE DORÉ.

242. Deux candélabres à branches de lys en bronze doré, dans des vases en marbre blanc garni de bronze doré.

243. Quatre jolis petites consoles, ornées de mascarons et feuillages.

244. Deux petites figures debout : Mars et Hercule sur socle.

245. Deux chenets à sphinx en bronze, sur socles en bronze doré et ciselé.

246. Deux porte-montres formés par des bouquets de fleurs; ouvrage de Goutière.

BOIS SCULPTÉ.

247. Saint Sébastien percé de flèches et attaché à un arbre : un Ange lui retire une flèche de la poitrine; groupe, remarquable par la finesse de l'exécution, et l'expression des figures.

248. Bas-relief composé de plusieurs figures, sujet tiré de la vie de saint Roch, dans un cadre en bois noir.

ARGENT.

249. Cippe avec bas-relief représentant les Saisons, le tors et la moulure en ébène sculptée.

ARGENT DORÉ.

250. Très-bel ostensoire gothique, avec inscription latine émaillée, et orné de petites figures

Cette pièce est remarquable par l'élégance de son architecture.

ÉMAIL DE LIMOGES.

251. Coffret dont les quatre côtés et le couvercle sont garnis de plaques d'émail grisaille, dont deux représentant des combats de cavalerie sont d'une grande finesse.

La monture, en argent doré, est un ouvrage du seizième siècle.

252. Couvercle de coupe; à l'extérieur, une jolie grisaille teintée, représentant le triomphe de Diane; à l'intérieur, quatre médaillons : têtes de divinités.

253. Paix gothique en argent ciselé, et ornée d'un médaillon d'émail représentant un saint personnage.

ÉMAIL CHINOIS.

254. Un vase chinois très-curieux et très-ancien, en cuivre incrusté d'émail, travail analogue à celui des Byzantins ; il est décoré de fleurs et ornements de diverses couleurs, sur fond bleu turquoise.

255. Autre vase du même genre.

VERRERIE DE VENISE.

256. Un vase à pied, forme de vaisseau, orné de filets bleus et de mascarons.

257. Autre vase à pied, forme de poisson ; à filets blancs.

258. Grand verre dont le pied élevé est formé par des enlacements de diverses couleurs.

TERRE CUITE.

259. Enfant debout, tenant des raisins et une coupe.

260. Enfant couché et endormi.

261. Très-belle pipe en écume de mer, avec ornements de figurines en relief, monture en argent.

262. Une montre ancienne, mouvement de Lépine, boîte en or, guillochée.

263. Autre montre, mouvement de Mugnier, à Paris, boîte en or.

264. Deux épingles, dont un camée sur malachite.

265. Deux belles mosaïques de Rome, représentant des ruines de monuments anciens.
5° sur 3° 1/2.

266. Jolie mosaïque romaine, sujet mascarade.

267. Jolie mosaïque de Rome, paysage forme carrée.

PORCELAINES.

268. Deux vases à pans et de forme applatie, porcelaine de Chine, fond bleu, décorés d'ornements dorés.

269. Deux petits vases chinois, forme gourde en céladon fleuri, monture ancienne en bronze doré.

270. Deux petits cornets, porcelaine de Chine, médaillon à figures.

271. Deux petits vases, porcelaine de Chine, médaillon à sujets divers.

272. Un grand bol, porcelaine de Chine, orné de sujets à figures.

273. Deux bustes d'enfants ornés de fleurs, en porcelaine de Saxe.

274. Tabatière ovale, montée en or et ornée de cinq médaillons : jolies peintures représentant des jeux d'enfants.

275. Une cruche en grès de Flandre.

276. Un coco gravé, monté en vase ; la monture, du seizième siècle, est en argent.

277. Autre coco, du même genre, avec bas-reliefs offrant les Vertus théologales, monture en argent doré du seizième siècle.

278. Deux petits bas-reliefs en fer repoussé, dans des cadres en fer damasquiné.

279. Deux bas-reliefs en cire, sur ardoise, représentant des jeux bachiques, par Gérard. (Cadre en bois doré.)

280. Un bas-relief en cire sur fond bleu, représentantant un combat de guerriers contre des Amazones. (Cadre en bois doré.)

BOIS DORÉ.

281. Petite console supportée par un Amour.

282. Deux consoles supportées par des Amours et des ornements.

283. Autre console supportée par des figures avec mascarons.

Tableaux et Dessins.

PHILIPPE DE CHAMPAGNE.

284. Portrait de Nicole de Port-Royal, vu de trois quarts, et tient un livre ouvert.

HUET (Gérard).

285. Festin d'Antoine et de Cléopatre ; cette reine détache une perle pour la faire dissoudre et la boire ; ce tableau, dont le sujet se comprend facilement, est bien disposé ; la couleur en est très-belle et les tons fins, transparents et vigoureux tout à la fois ; c'est assurément la plus belle production de cet élève de Girard Dow.

BAILLY.

286. Marchand de poisson et marchande de fruits.

VAN ESTEL.

287. Joueurs flamands.

SEBASTIEN BOURDON.

288. Bacchanale, tableau d'une belle couleur et bien conservé.

NICOLAS VERKOLÉE.

289. Sujet : Booz et Ruth, tableau d'une belle entente de couleur et d'une belle conservation.

290. Lucrèce, un poignard à la main.

MICHAUD.

291. Tableau sur cuivre, d'un pinceau fin et délicat. C'est un paysage dont le milieu est occupé par un massif d'arbres élevés; la gauche offre la mer où se trouvent quelques navires, et dont les eaux arrivent jusque sur le premier plan, et forment une espèce de petite rivière guéable que passent des bestiaux et des voyageurs.

MOLENAERT.

292. Effet de neige, ciel nébuleux et couleur vigoureuse.

293. David tenant la tête de Goliath.

MICHEL.

294. Joli paysage, dans la manière de Winantz; les figures sont par Swebach.

ROSE (Joséppa).

295. Deux tableaux faisant pendants, paysages, d'une riche composition et d'un beau style; des bestiaux gardés par des pâtres y sont groupés sur les premiers plans.

WOUWERMANS (d'après).

296. La chasse au cerf, belle et ancienne copie.

PINELLI.

297. Deux belles aquarelles, sujets de danse d'une vigoureuse couleur, où se trouvent toutes les statues de ce maître.

MALLET.

298. Scènes d'enfance ; deux jolies aquarelles.

NOEL.

299. Deux marines ; charmantes gouaches.

LE GUERCHIN.

300. Jeux d'enfants ; très-beaux dessins.

MOITTE.

301. Les quatre Saisons. On ne connaît pas de plus belles frises de ce maître.

VALENCIENNES.

302. Paysage, site de forêt. Ce dessin, qui est un des plus capitaux de ce maître, faisait partie de la collection de M. Nergard.

Imprimerie de TROUSSEL, rue St.-Guillaume, 9.

HALLÉ.

298 Trois marines : chaumières, pentes, aquarelle.

DUPLESSIS.

299 Deux marines : chaumières, pentes pommées.

ISABEY.

Jean-Jacques d'enfants : deux jeunes dessins.

300 La petite Bichon. On ne connaît pas de plus belle épreuve ... centre.

VARENNE.

302 D'après ... plus complète de ce maître, il faut que la collection de M. Sargent.